Mobile 1

Arbeitsbuch Sachunterricht Nord

Herausgegeben von
Richard Meier

Erarbeitet von
Edith Burghardt
Richard Meier
Verena Niesmann

W0240232

westermann

1 Welcher Satz passt zu welchem Bild? Trage die Ziffern ein.

1 Ein Baby: 3 Wochen
2 Ein Krabbelkind: 6 Monate
3 Ein Laufkind: 1 Jahr
4 Ein Kindergartenkind: 4 Jahre

2 Woran erinnerst du dich?

Meine Erinnerungskiste

1. Sammle von dir Bilder und Dinge.

2. Was hast du gelernt? Wie hast du es gelernt?

Meine Erinnerungsbilder

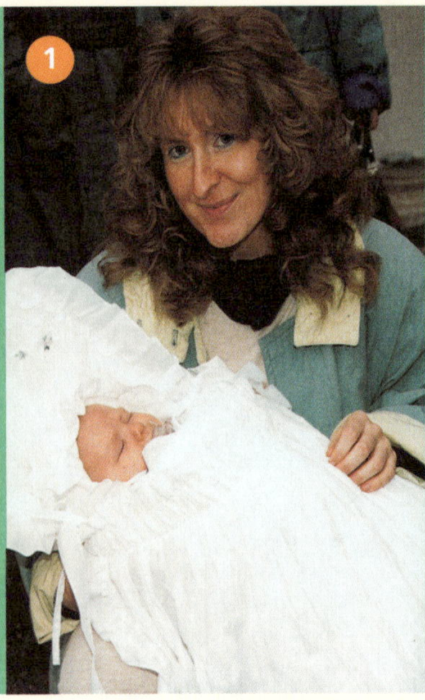

1 Schreibe deine Jahreszahlen
und Ereignisse auf.

1

2 _ _ _ wurde ich geboren.

2

4

5

6

2 Male Bilder von dir
oder klebe Fotos
von dir ein.

3

4

1 Trage die passenden Begriffe in die weißen Felder ein: Nacht, Mittag, Abend, Vormittag, Nachmittag, Morgen.

SOMMER
WINTER

Wir

Ich bin ich und du bist du.
Wenn ich rede, hörst du zu.
Wenn du sprichst, dann bin ich still,
weil ich dich verstehen will.
Wenn du fällst, helf' ich dir auf,
und du fängst mich, wenn ich lauf'.
Wenn du kickst, steh' ich im Tor,
pfeif' ich Angriff, schießt du vor.
Spielst du pong, dann spiel' ich ping,
und du trommelst, wenn ich sing'.
Allein kann keiner diese Sachen,
zusammen können wir viel machen.
Ich mit dir und du mit mir –
das sind wir.

Irmela Bender

1 Kennst du weitere Beispiele?
Zeichne in die leeren Felder.

Luis und Henrike haben ihre Hände gefärbt.
Die rechte Hand ist rot. Die linke Hand ist blau.

1 Male die Hände auf den Bildern an.
Nimm rote Farbe für die rechten Hände.
Nimm blaue Farbe für die linken Hände.

Luisa und Henrik haben sich ein Spiel ausgedacht.
Sie haben es **Rechts-ist-immer-woanders** genannt.
Ob das stimmt? Prüfe an den Bildern nach!

1 Kreuze die richtigen Antworten an.
Weißt du, warum das so ist?

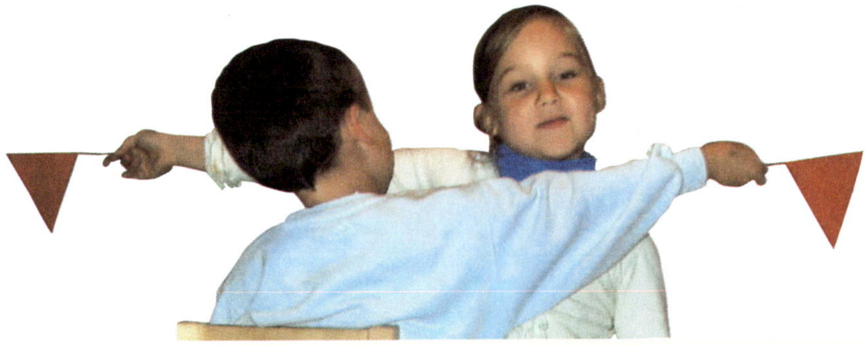

Luisa zeigt nach ☐ rechts.
Luisa zeigt nach ☐ links.

Henrik zeigt nach ☐ rechts.
Henrik zeigt nach ☐ links.

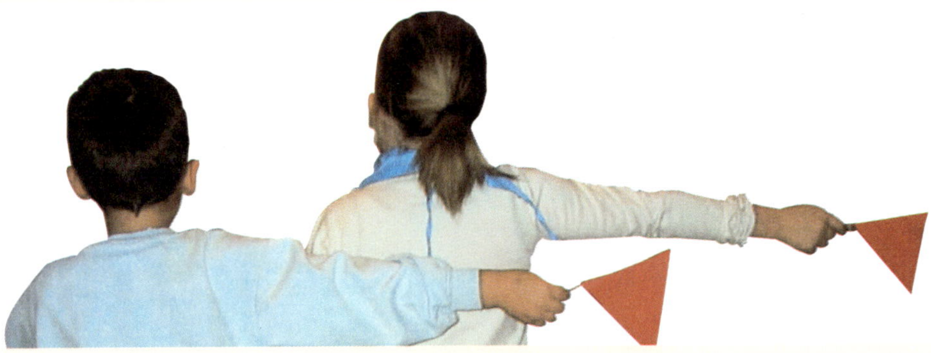

Luisa zeigt nach ☐ rechts.
Luisa zeigt nach ☐ links.

Henrik zeigt nach ☐ rechts.
Henrik zeigt nach ☐ links.

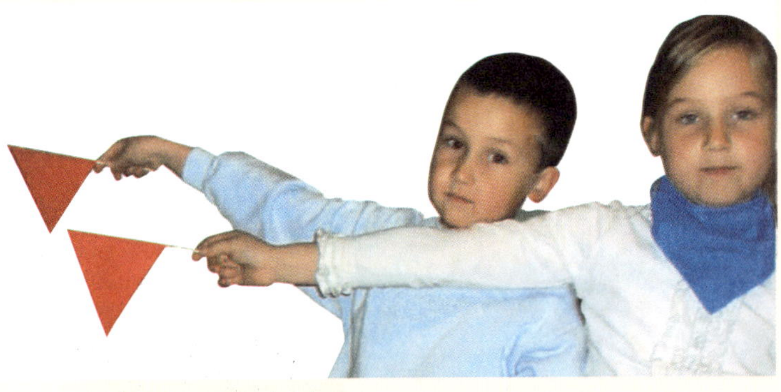

Luisa zeigt nach ☐ rechts.
Luisa zeigt nach ☐ links.

Henrik zeigt nach ☐ rechts.
Henrik zeigt nach ☐ links.

Einen Schulwegplan herstellen

Ihr braucht:
– eine feste Unterlage
  und …

1 Bastelt Fähnchen.
Schreibt eure Namen auf.

2 Wo wohnen die Kinder eurer Klasse? Steckt die Fähnchen dorthin, wo ihr wohnt.

3 Spannt Wollfäden von euren Fähnchen zur Schule.

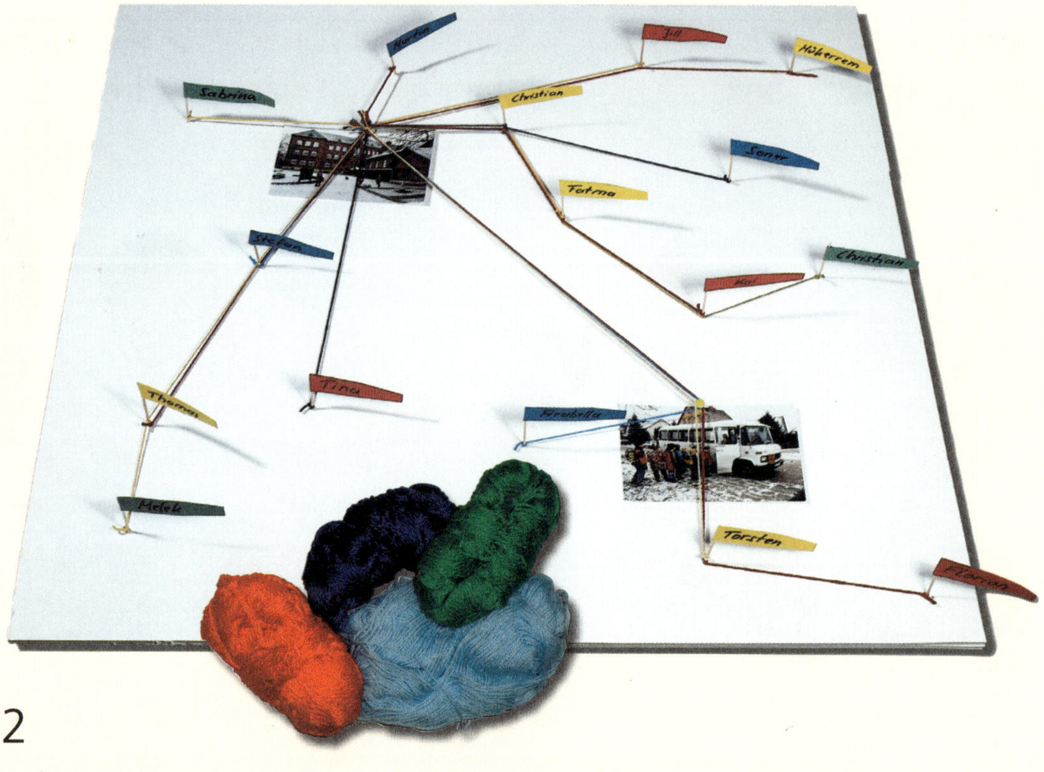

1. Welche Fahrzeuge sind auf dem Bild zu sehen?
2. Wie kommst du von der Schule zur Spielstraße?
3. Beschreibe verschiedene Wege zur Schule.

**An der Straße,
am Zebrastreifen**

Wobbel will über die Straße.
Er schaut nach links.
Er schaut nach rechts.
Er schaut nach links.
Wenn die Straße frei ist,
geht er los.

An der Ampel

Bei Rot stehen,
bei Grün gehen.
Wobbel schaut auch bei Grün,
ob die Autos anhalten.

1 Ordne die Sätze richtig zu:

- ◯ Ich gebe ein Handzeichen.
- ◯ Ich sehe nach links, nach rechts und nach links.
- ◯ Ich gehe zügig über die Straße.
- ◯ Ich sehe den Fahrer an.

Im Bus

Erst aussteigen lassen, dann einsteigen.
Gehe nie vor oder hinter dem Bus über die Straße!

Im Auto

Erst gurten – dann starten!

○ Weg nur für Fußgänger

○ Getrennter Rad- und Fußweg

○ Gemeinsamer Rad- und Fußweg

○ Fußgängerüberweg

○ Verkehrshelfer

○ Fußgängerampel

○ Spielstraße

1 Schau dir die Verkehrszeichen in der Umgebung deiner Schule an. Welche gibt es dort? Kreuze an!

2 Gibt es andere Zeichen? Male sie und schreibe dazu.

Unser Körper

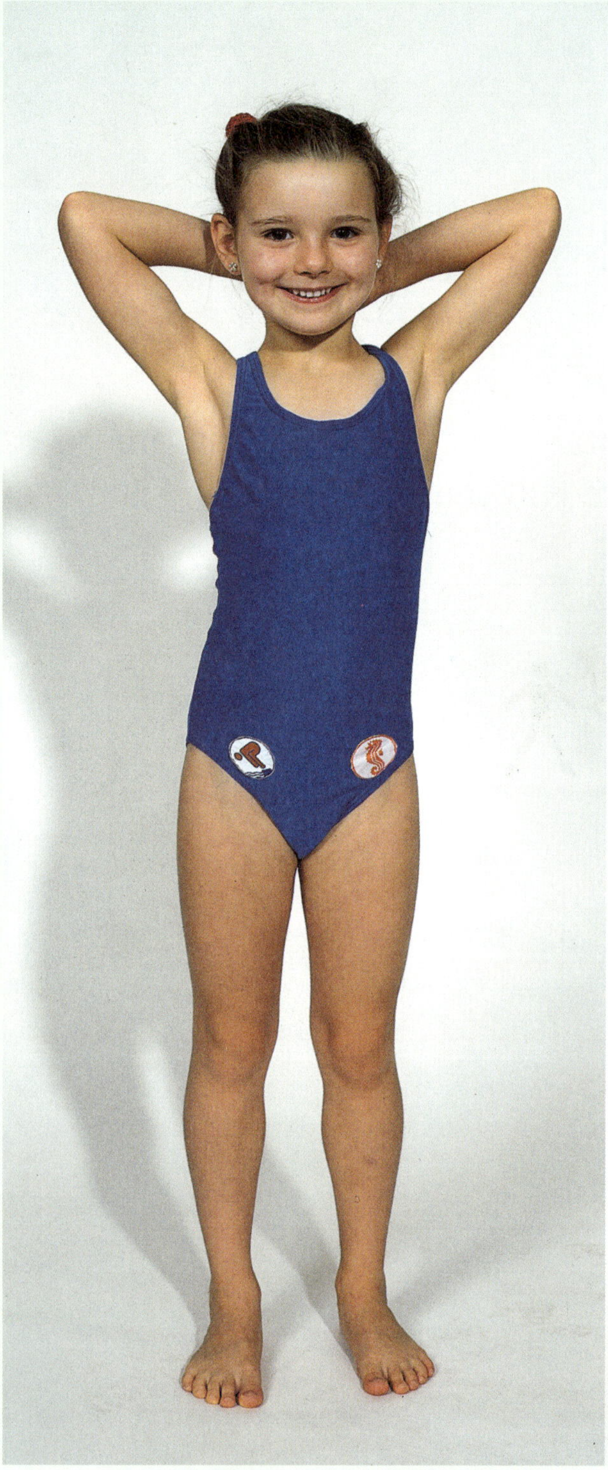

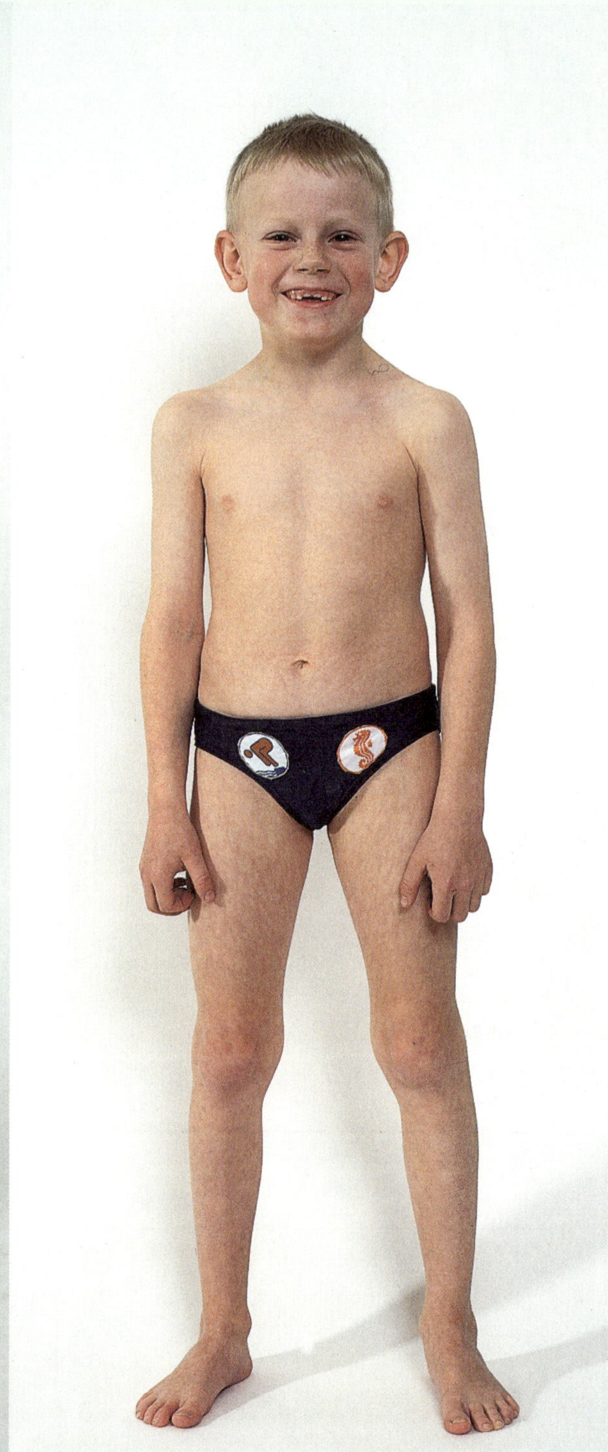

Mädchen und Jungen haben vieles gemeinsam.

1. Benenne die Körperteile.

2. Woran erkennst du hier, ob ein Kind ein Junge oder ein Mädchen ist?

Ich …

… bin sportlich.
… schlage mich nicht mit anderen Kindern.
… klettere gern.
… bin meist brav.
… bin manchmal frech.
… kann gut rechnen.
… bin mutig.
… helfe zu Hause.
… will Rennautos fahren.
… bin manchmal faul.
… weine bei Schmerzen.
… bin manchmal wild.
… mag Handarbeiten.
… bin stark.
… mache mich gern schön.

1 Und was hältst du außerdem für typisch?

Mädchen … ______________________

____

Jungen … ______________________

____

Mädchen und Jungen … ______________________

____

Ich … ______________________

____

Gesund bleiben – sich wohl fühlen

Du kannst selbst viel tun, damit du gesund bleibst
und dich wohl fühlst.

Das kannst du tun:

1	dich vernünftig ernähren	2	deinen Körper pflegen
3	dich richtig kleiden	4	dich oft im Freien bewegen
5	Sport treiben	6	gefährliche Dinge vermeiden

1 Welches Bild gehört zu welchem Satz?
Trage die Zahlen in die Kreise ein.

1 Male die verschiedenen Zähne in den passenden Farben an.

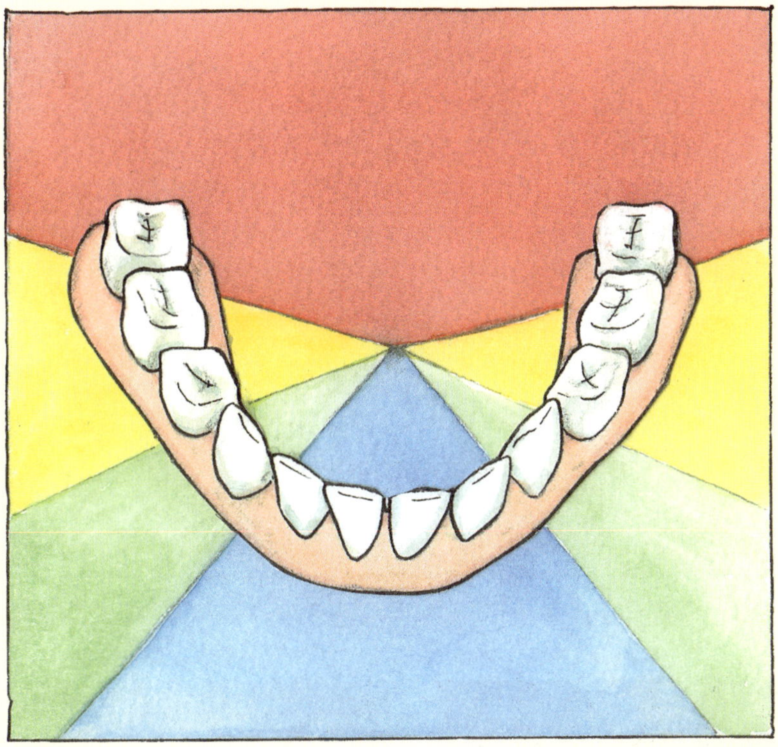

- ☐ Schneidezähne
- ☐ Eckzähne
- ☐ Vordere Backenzähne
- ☐ Hintere Backenzähne

Nach dem Essen und am Abend drei Minuten so putzen:

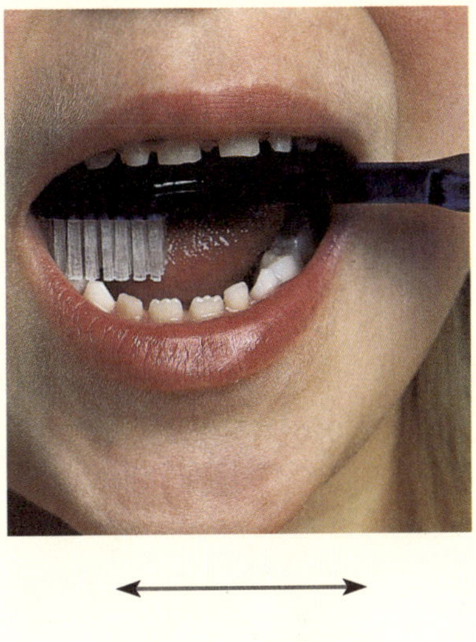

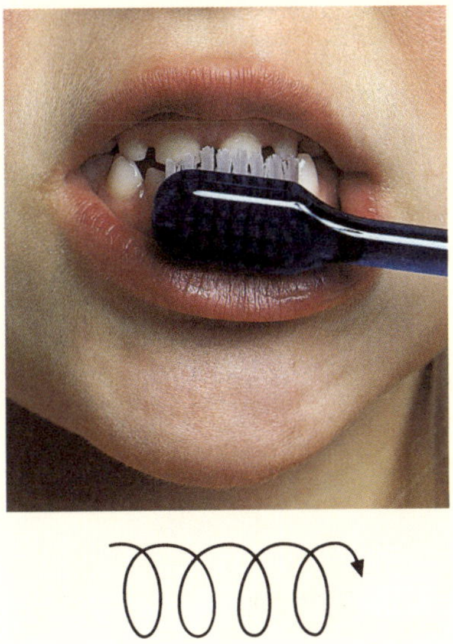

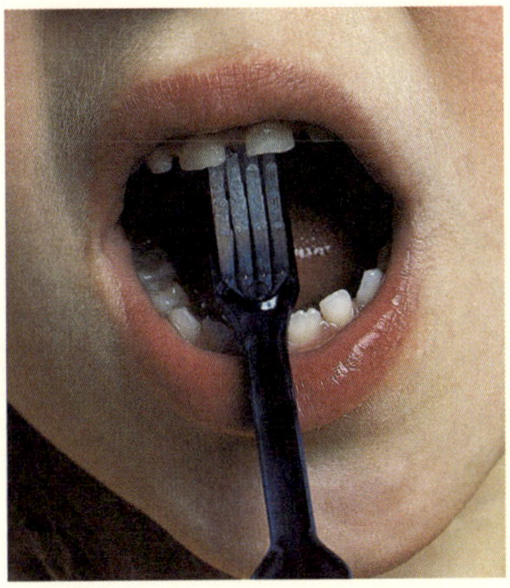

Von Rot nach Weiß!

Unsere Sinne

1 Was gehört zusammen?
Male die Kästchen jeweils in der gleichen Farbe aus.

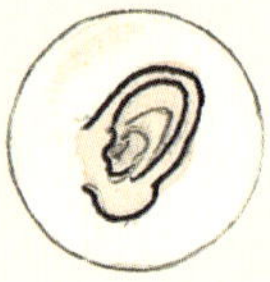
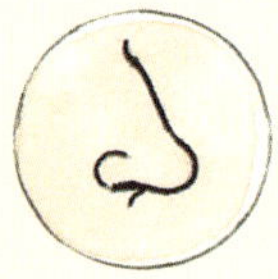
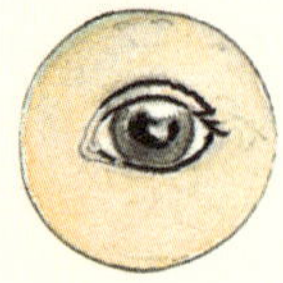
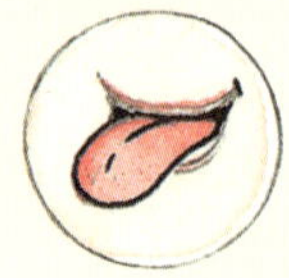

☐ Ich höre.

☐ Ich sehe.

☐ Ich fühle.

☐ Ich rieche.

☐ Ich schmecke.

Das ist für Fußgänger wichtig:

Genau hinschauen!

Genau hinhören!

1 So könnt ihr üben:

Genau hinschauen!

Was ist jetzt anders?

Genau hinhören!

Wer hat geklatscht?

Wir beobachten Schnecken

Du kannst beobachten, wie Schnecken
sich verhalten, wie sie kriechen, wie sie fressen.

Schnecken kriechen auf einer Schleimspur.
Sie brauchen feuchte Erde.
Schnecken mögen keine Sonne.

Bei Regen kommen Schnecken aus ihrem Versteck.
Du findest sie unter den Blättern von Pflanzen.
Schnecken fressen Blätter und Obst.

Wenn ihr Schnecken in der Klasse beobachten wollt, müsst ihr sie richtig pflegen.
Ihr braucht ein Haus für die Schnecken.
Das kann ein leeres Aquarium sein.

1 Was ist richtig: Kreuze an:

Schnecken brauchen
- ◯ feuchte Erde.
- ◯ trockene Erde.

Schnecken mögen
- ◯ Sonne.
- ◯ Regen.

Schnecken kriechen
- ◯ auf allen Vieren.
- ◯ auf einer Schleimspur.

Pflanzen in der Klasse

Die Grünlilie braucht:

- viel Licht,
- jeden Tag Wasser,
- einmal in der Woche Dünger.

Das Dickblatt braucht:

- viel Licht und Sonne,
- wenig Wasser.

1 Wer gießt in der nächsten Woche?

2 Wer gießt in den Ferien?

Leila	2. – 6. März
Robert	9. – 13. März
Rita	16. – 20. März

3 Macht einen Plan.

▶ Ihr braucht:

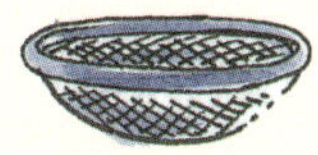

Handsieb

Brettchen

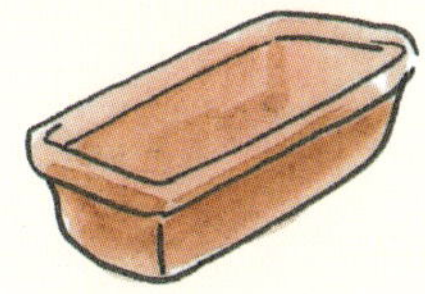

Blumenkasten

1 Wachsen die Pflanzen?
Beobachtet jeden Tag.

2 Legt ein Pflanzentagebuch an.

Wasser ist zum Leben nötig

1 Male das Wasser blau an.

2 Schreibe auf, wozu Wasser nötig ist oder gebraucht wird.

Wasser fühlen

1 Das braucht ihr:
- eine große Wanne mit Wasser,
- Handtücher,
- einen Becher.

Das kannst du machen:
- Fass vorsichtig in das Wasser.
- Streichle es.
- Schlage mit der flachen Hand vorsichtig auf die Wasseroberfläche.
- Lass das Wasser
  tropfen,
  rieseln,
  fließen,
  rinnen,
  spritzen …

Temperaturen fühlen

2 Das braucht ihr:
- drei Schüsseln
  mit eiskaltem,
  mit warmem
  und mit sehr
  warmem Wasser.

Gehe so vor:
- Tauche gleichzeitig eine Hand in eiskaltes Wasser und die andere Hand in sehr warmes Wasser.
- Tauche anschließend beide Hände gleichzeitig in das kalte Wasser.
  Was fühlst du?

Wassermusik

1 Ihr braucht:
- Wassergläser oder leere Flaschen,
- einen Löffel,
- Wasser.

Füllt die Gefäße unterschiedlich hoch mit Wasser. Bringt sie mit dem Löffel zum Klingen.

Wie könnt ihr die Tonhöhe verändern? Versucht einfache Melodien zu spielen.

Wasserbewegung

2 Ihr braucht:
- eine Schüssel,
- einen Trinkhalm,
- Wasser.

Füllt die Schüssel zur Hälfte mit Wasser. Lasst durch den Trinkhalm einen einzigen Wassertropfen in die Schüssel fallen. Beobachtet, wie der Tropfen auf das Wasser auftrifft. Was stellt ihr fest? Macht eine Zeichnung.

1 Das braucht ihr:
- eine große Wanne mit Wasser,
- verschiedene Dinge, bei denen ihr ausprobieren könnt, ob sie schwimmen oder untergehen (zum Beispiel Styropor, Bierdeckel, Nägel, Rinde, Nussschalen …).

Woran könnte es liegen, dass etwas schwimmt oder sinkt? Achtet auf das Material, das Gewicht und die Form der Dinge.

Legt eine Tabelle an.
Schreibt auf, welche Gegenstände schwimmen und welche sinken.
Was stellt ihr fest?

schwimmt	sinkt
...	Münze
...	...

Licht und Schatten erforschen

▶ Du brauchst:

1 Die 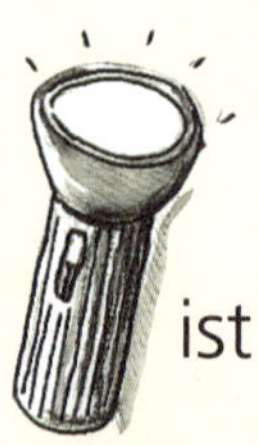 ist die Lichtquelle.

2 Die  wirft Schatten. Probiere aus.

Das ist Jakob.

1 Zeichne seinen Schatten (Bild 2 bis 4).

2 Zeichne die Sonne (Bild 5 und 6).

Hier fehlt ein Material. Welches ist es? ______________________

1 Bringt Dinge aus verschiedenen Materialien mit und ordnet sie.

2 Ordnet sie nach Eigenschaften.

3 Gleich und doch nicht gleich:

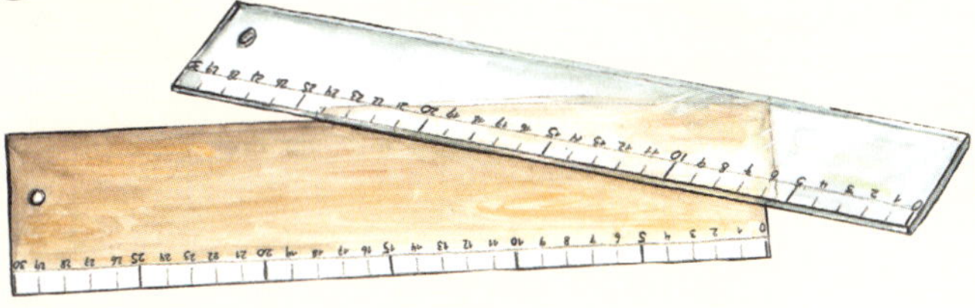

Eine Laterne herstellen

Das brauchst du:
- Metallprägefolie,
- ein Teelicht,
- eine weiche Bastelunterlage,
- einen Kugelschreiber,
- Metallkleber,
- Büroklammern.

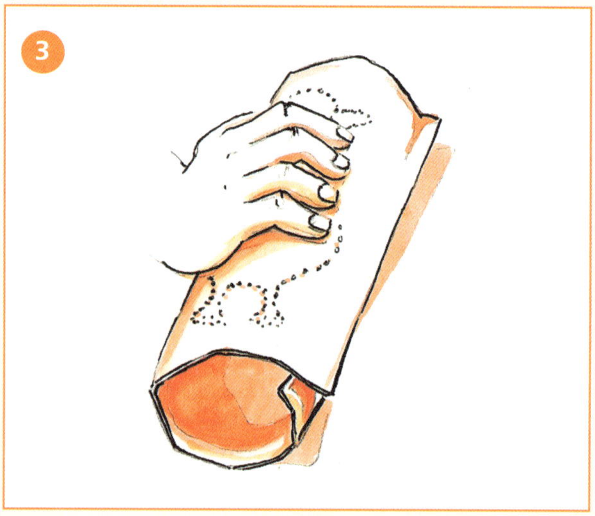

1 Was für ein Boot willst du bauen?
Was brauchst du dazu?
Welche Werkzeuge brauchst du dazu?

So könnten eure Boote aussehen:

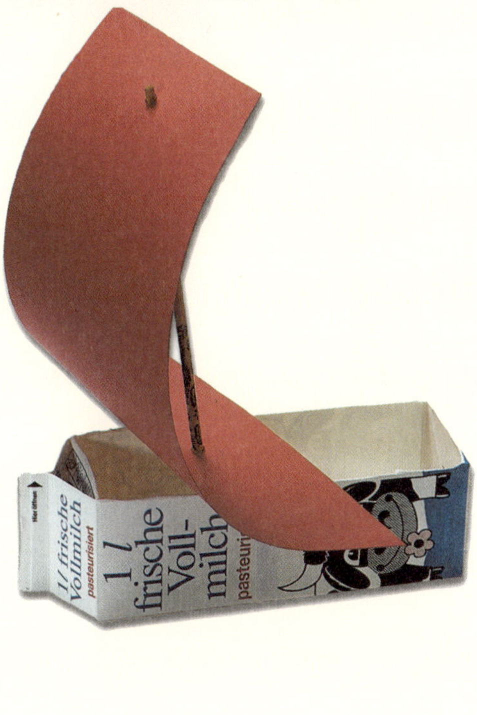

Müll sortieren

1 Klebe die Bilder für den Papiercontainer auf.

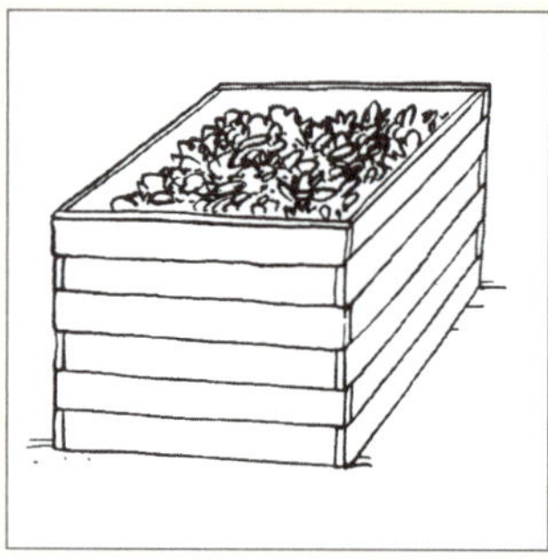

2 Klebe die Bilder für den Kompost auf.

3 Klebe die Bilder für den Dosencontainer auf.

4 Klebe die Bilder für den Pfandflaschen auf.

5 Klebe die Bilder für den Glascontainer auf.

1. Male ein weiteres Müllbild für jeden Behälter auf Seite 38.

2. Schneide dann alle Bilder aus und ordne sie den passenden Behältern zu.

3. Klebe die Bilder auf Seite 38 auf.